¡Conocimiento a tope!

Asuntos matemáticos

Decimos la hora juntos

Adrianna Morganelli

Traducción de Pablo de la Vega

CRABTREE
PUBLISHING COMPANY
WWW.CRABTREEBOOKS.COM

Objetivos específicos de aprendizaje:
Los lectores:

- Identificarán relojes digitales y analógicos, y describirán cómo miden el tiempo.
- Dirán la hora usando relojes digitales y analógicos.
- Usarán las imágenes del libro para describir cómo decir la hora.

Palabras de uso frecuente (primer grado) a, después, dónde, el, es, la, que, qué, y	Vocabulario académico a.m., análogo, digital, dos puntos, hora, manecillas, minutero, minuto, p.m., segundero

Estímulos antes, durante y después de la lectura:

Activa los conocimientos previos y haz predicciones:
Muestra a los niños las imágenes de la tapa y lee el título en voz alta. Pregunta a los niños:

- ¿Cómo sabe la gente qué hora es? ¿Qué herramientas usan?
- ¿Saben qué hora es ahora? ¿Cómo lo saben?

Permite a los niños compartir sus opiniones. Invítalos a dibujar imágenes de relojes en grupos pequeños. Pide a los niños que compartan sus dibujos y expliquen lo que dibujaron.

Durante la lectura:
Después de leer las páginas 6 y 7, pide a los niños que revisen las imágenes y etiquetas de los relojes digitales y analógicos.

Pregúntales:

- ¿Cuáles son las partes de un reloj analógico? ¿Cómo miden el tiempo?
- ¿Cuáles son las partes de un reloj digital? ¿Cómo miden el tiempo?

Después de la lectura:
Repasa las imágenes que los niños dibujaron antes de leer el libro. ¿Alguna de las imágenes debe ser modificada para que se parezca a las de los relojes del libro? Corrígelas. Luego, juega bingo con los niños. Haz tarjetas de bingo que tengan imágenes de relojes tanto digitales como analógicos. Distribuye las tarjetas entre los estudiantes y da horas diversas, como «las diez y media». Cuando un niño complete una línea, revisa sus respuestas con todo el grupo.

Author: Adrianna Morganelli

Series development: Reagan Miller

Editor: Janine Deschenes

Proofreader: Melissa Boyce

STEAM notes for educators: Janine Deschenes

Guided reading leveling: Publishing Solutions Group

Cover and interior design: Samara Parent

Photo research: Janine Deschenes and Samara Parent

Print coordinator: Katherine Berti

Translation to Spanish: Pablo de la Vega

Edition in Spanish: Base Tres

Photographs:
iStock: SDI Productions: p. 20 (r)
Shutterstock: S-F: p. 12 (r); Anton_Ivanov: p. 16 (r)
All other photographs by Shutterstock

Library and Archives Canada Cataloguing in Publication

Title: Decimos la hora juntos / Adrianna Morganelli ;
traducción de Pablo de la Vega.
Other titles: Telling time together. Spanish
Names: Morganelli, Adrianna, 1979- author. | Vega, Pablo de la, translator.
Description: Series statement: ¡Conocimiento a tope! Asuntos matemáticos
| Translation of: Telling time together. | Includes index. |
Text in Spanish.
Identifiers: Canadiana (print) 20200299891 |
Canadiana (ebook) 20200299905 |
ISBN 9780778783671 (hardcover) |
ISBN 9780778783831 (softcover) |
ISBN 9781427126429 (HTML)
Subjects: LCSH: Time—Juvenile literature | LCSH: Clocks and watches—
Juvenile literature.
Classification: LCC QB209.5 .M6718 2021 | DDC j529/.7—dc23

Library of Congress Cataloging-in-Publication Data

Names: Morganelli, Adrianna, 1979- author.
Title: Decimos la hora juntos / Adrianna Morganelli ;
traducción de Pablo de la Vega.
Other titles: Telling time together. Spanish
Description: New York : Crabtree Publishing Company, 2021. |
Series: ¡conocimiento a tope! - asuntos matemáticos | Includes index.
Identifiers: LCCN 2020033139 (print) |
LCCN 2020033140 (ebook) |
ISBN 9780778783671 (hardcover) |
ISBN 9780778783831 (paperback) |
ISBN 9781427126429 (ebook)
Subjects: LCSH: Time--Juvenile literature. | Clocks and watches--
Juvenile literature.
Classification: LCC QB209.5 .M6618 2021 (print) | LCC QB209.5 (ebook)
| DDC 529--dc23

Printed in the U.S.A./102020/CG20200914

Índice

Crabtree Publishing Company
www.crabtreebooks.com   1-800-387-7650

Published in Canada
Crabtree Publishing
616 Welland Ave.
St. Catharines, Ontario
L2M 5V6

Published in the United States
Crabtree Publishing
347 Fifth Ave
Suite 1402-145
New York, NY 10016

Published in the United Kingdom
Crabtree Publishing
Maritime House
Basin Road North, Hove
BN41 1WR

Published in Australia
Crabtree Publishing
Unit 3 – 5 Currumbin Court
Capalaba
QLD 4157

Un día emocionante

¡Charlotte está emocionada! Hoy irá con sus compañeros al centro de ciencias. La alarma de su reloj la acaba de despertar.

La alarma del reloj despierta a Charlotte a las siete de la mañana.

Usamos relojes para saber qué hora es. Hay dos tipos de relojes. Hay relojes **digitales** y relojes **analógicos**.

Un reloj digital muestra números en una pantalla. La alarma de Charlotte es de un reloj digital.

Este es un reloj analógico. Tiene manecillas que se mueven y señalan números.

Horas y minutos

Los relojes dan la hora en horas y minutos. Un minuto tiene 60 segundos. Una hora tiene 60 minutos.

Algunos relojes tienen una manecilla que mide los segundos. A la manecilla de los segundos, o segundero, le toma 60 segundos, o sea, un minuto dar una vuelta completa al reloj.

Las manecillas de los relojes analógicos miden las horas, los minutos y los segundos.

La manecilla de los minutos, o minutero, señala los minutos. Cada raya en el reloj representa un minuto.

La manecilla de las horas indica la hora. Es más corta que la manecilla de los minutos.

Cuando el minutero da una vuelta entera al reloj, quiere decir que pasaron 60 minutos, es decir, una hora.

Charlotte se despertó a las siete.
Se lavó el cabello, cepilló los dientes
y vistió. Ahora son las siete treinta.
¿Cuántos minutos han pasado?

Han pasado 30 minutos.
30 minutos también son
la mitad de una hora.

Hay dos puntos entre el
número de la hora y el
número de los minutos.

El número a la
derecha es el
de los minutos.

El número a la
izquierda es el
de la hora.

Los relojes digitales muestran las horas y los minutos con números.

Hora de ir a la escuela

Charlotte se pone su camiseta favorita y desayuna. «La escuela comienza a las ocho y media», dice la mamá de Charlotte. «Deberías terminar de comer». Charlotte mira el reloj. Ha pasado media hora. ¿Qué hora es?

¿El reloj de la cocina es digital o analógico?

El reloj dice que son las ocho. Charlotte da una última mordida. Su mamá y ella caminan juntas a la escuela.

Charlotte le da a su mamá un abrazo de despedida. Luego mira su reloj. Le tomó 30 minutos llegar a la escuela. ¿Qué hora es ahora?

Usando un reloj analógico

En el aula, Charlotte saluda a su amigo René. ¡No pueden esperar la hora de ir al centro de ciencias! Su maestro les dice que el autobús los va a recoger a las nueve. «¿Qué hora es?», pregunta René.

Mira el reloj. ¿Hacia dónde apunta la manecilla de las horas? ¿Hacia dónde apunta el minutero? ¿Sabes qué hora es?

Un reloj analógico contiene los números del 1 al 12. El espacio entre cada número **representa** cinco minutos. Cuando el minutero apunta al 6, quiere decir que han pasado 30 minutos. Cuando el minutero apunta al 12, quiere decir que ha pasado una hora.

A las 8:30, la manecilla de las horas estará a medio camino entre las 8 y las 9. El minutero apuntará al 6. Esa es la mitad del camino alrededor del reloj.

A las nueve, la manecilla de las horas apuntará al 9. El minutero apuntará al 12. Eso es una vuelta completa alrededor del reloj.

Usando un reloj digital

En el centro de ciencias hay mucho que ver. A las 11 habrá un experimento especial para los estudiantes. Charlotte está impaciente. Se pregunta qué hora es.

Mira el reloj. ¿Puedes ayudar a Charlotte a averiguar la hora?

Los relojes digitales muestran las horas usando números del 1 al 12. Muestran los minutos con números del 0 al 59.

 Media hora es 30 minutos. Un reloj digital representa una media hora con el número 30.

 Una hora es 60 minutos. Después de las 10:59, el reloj cambia a las 11:00. El número de la hora **aumenta** una unidad. El minuto se convierte en 00.

Los estudiantes prueban el experimento. Se divierten trabajando juntos al mezclar **materiales**. ¡La **mezcla** se derrama!

De la mañana a la tarde

Después del experimento, a Charlotte le da hambre. «El almuerzo es al mediodía, es decir, a las doce p.m.», dice el maestro. «¿Qué significa p.m.?», pregunta René. «Significa que terminó la mañana. Ahora es la tarde», explica el maestro.

Tanto el reloj digital como el analógico muestran que son las doce. ¡Hora del almuerzo!

El día tiene 24 horas. Las doce horas de la mañana son denominadas como a.m. Las 12 horas después del mediodía son denominadas p.m.

Las horas a.m. comienzan a la media noche, a la mitad de la noche. Es decir, a las 12:00 a.m. Terminan a las 11:59 a.m.

Las horas p.m. comienzan al mediodía, a la mitad del día. Es decir, a las 12:00 p.m. Terminan a las 11:59 p.m.

¿A qué hora están jugando estos niños al aire libre? El reloj dice que son las tres. Las tres a.m. son tres horas después de la media noche. A esa hora, afuera está oscuro. Estos niños juegan al aire libre a las tres p.m.

Contando los minutos

Después de almorzar, a Charlotte y a René les emociona explorar la **exposición** sobre el espacio. «¡Mira!», exclama René. «¡Un letrero dice que un astronauta hará una **presentación** a la una!».

¿Qué hora es cuando René ve el letrero?

«¿Cuántos minutos faltan para la presentación?», pregunta Charlotte.

Son las doce treinta. La manecilla de las horas está entre las 12 y la 1. El minutero apunta al 6.

A la una, la manecilla de las horas apuntará al 1. El minutero se habrá movido del 6 al 12. Eso es media vuelta al reloj, o 30 minutos.

¡René difícilmente puede esperar los 30 minutos que faltan para la presentación! Va a dar una vuelta en esta máquina giratoria. Ayuda a los astronautas a aprender a mantener el equilibrio en el espacio.

¿Cuánto tiempo tomó?

Después de la presentación, Charlotte quiere ir al salón de actividades. Los amigos se divierten construyendo objetos geniales usando bloques. «¡Estoy construyendo un extraterrestre!», dice Charlotte.

Ahora son las dos. ¿Cuánto duró la presentación?

Charlotte y René construyen muchos objetos. «¡Genial!», dice René. «¿Cuánto tiempo nos tomó?». Los niños miran el reloj de pared.

Mira el reloj. ¿A dónde apunta la manecilla de las horas? ¿A dónde apunta el minutero? ¿Por cuánto tiempo han estado Charlotte y René construyendo?

El final del día

El maestro se asoma al salón de actividades. «El autobús viene por nosotros en media hora», les recuerda a los estudiantes. «¿Cuánto tiempo nos queda?», pregunta René.

Mira el reloj. ¿Qué hora será en media hora?
¿Cuántos minutos habrán pasado?

A la hora de dormir, Charlotte le cuenta a su mamá sobre la visita. «Mi parte favorita fue un experimento genial. ¡La mezcla saltó por todos lados!», exclama. «¡Qué emocionante!», responde su mamá. «Pero ya es hora de dormir».

¿Cuál es la hora de dormir de Charlotte?
¿Es a.m. o p.m.? ¿Cuál es tu hora de dormir?

Palabras nuevas

analógico: adjetivo. Algo que muestra información a través del cambio constante de posiciones, como las manecillas del reloj.

aumenta: verbo. Que va hacia arriba o se hace más grande.

digital: adjetivo. Algo que muestra dígitos, o números, como por ejemplo un reloj digital.

exposición: sustantivo. Una colección de objetos en muestra.

materiales: sustantivo. Las cosas de las que está hecho algo.

mezcla: sustantivo. Dos o más materiales mezclados.

presentación: sustantivo. Una función o plática en la que se muestra algo a una audiencia.

representa: verbo. Que toma el lugar de algo.

Un sustantivo es una persona, lugar o cosa.

Un verbo es una palabra que describe una acción que hace alguien o algo.

Un adjetivo es una palabra que te dice cómo es alguien o algo.

Índice analítico

Sobre la autora

Adrianna Morganelli es una editora y escritora que ha trabajado en una innumerable cantidad de libros de Crabtree Publishing. Actualmente está escribiendo una novela para niños.

Para explorar y aprender más, ingresa el código de abajo en el sitio de Crabtree Plus.

www.crabtreeplus.com/fullsteamahead

(página en inglés)

Tu código es:
fsa20

23

Notas de STEAM para educadores

¡Conocimiento a tope! es una serie de alfabetización que ayuda a los lectores a desarrollar su vocabulario, fluidez y comprensión al tiempo que aprenden ideas importantes sobre las materias de STEAM. *Decimos la hora juntos* usa imágenes de relojes digitales y analógicos para ayudar a los lectores a entender cómo medir el tiempo. La actividad STEAM de abajo ayuda a los lectores a expandir las ideas del libro para el desarrollo de habilidades matemáticas y científicas.

Cambios a través del tiempo

Los niños lograrán:
- Conectar sus actividades diarias con la hora a la que las realizan.
- Hacer observaciones del cielo y notar su apariencia a ciertas horas.
- Interpretar correctamente la hora en relojes digitales y analógicos.

Materiales
- Hoja de trabajo «Observaciones a través del tiempo».
- Ejemplo completo de «Observaciones a través del tiempo».

Guía de estímulos
Después de leer *Decimos la hora juntos*, pregunta:
- ¿Pueden señalar un reloj analógico? ¿Cómo mide el tiempo un reloj analógico?
- ¿Pueden señalar un reloj digital? ¿Cómo mide el tiempo un reloj digital?

Actividades de estímulo
Organiza un intercambio de ideas acerca de cómo hacen observaciones los científicos. Pregunta a los niños por qué las observaciones son importantes. Luego, pregúntales cómo saber qué hora se relaciona con hacer observaciones. Ayuda a los niños a entender que los científicos tienen que anotar la hora a la que observan cómo algo cambia a través del tiempo.

Di a los niños que practicarán esta habilidad en esta actividad. Actuarán como científicos que están aprendiendo cómo cambia el cielo. Como científicos, anotarán lo que ven a distintas horas. Necesitan mostrar lo que aprendieron acerca de la medición del tiempo en relojes digitales y analógicos.

Entrega a cada niño una hoja de trabajo «Observaciones a través del tiempo». Dales tiempo a que revisen la actividad y lean las instrucciones. Luego, revisen la actividad juntos. Muéstrales el ejemplo completo de «Observaciones a través del tiempo».

Cuando los niños hayan completado la actividad, pídeles que comparen sus observaciones con las de sus compañeros. Hablen de lo que cada niño observó a cada momento.

Extensiones
Invita a los niños a hacer observaciones por un período largo de tiempo, como puede ser una semana, y a que obtengan conclusiones sobre la manera en la que el cielo se ve a cada momento del día.

Para ver y descargar las hojas de trabajo, visita **www.crabtreebooks.com/resources/printables** o **www.crabtreeplus.com/fullsteamahead** (páginas en inglés) e ingresa el código **fsa20**.